Tú y yo

Soy honesto

Angela Leeper

Traducción de Paul Osborn

Heinemann Library
Chicago, Illinois

Customer Service 888-454-2279
Visit our website at www.heinemannlibrary.com

Designed by Mike Hogg (Maverick)
Printed and bound in China by South China Printing Company Limited
Photo research by Janet Lankford Moran

09 08 07 06 05
10 9 8 7 6 5 4 3 2 1

Library of Congress Cataloging-in-Publication Data
A copy of the cataloging-in-publication data for this title is on file with the Library of Congress.
[I am honest. Spanish]
Soy honesto / Angela Leeper
ISBN 1-4034-6094-9 (HC), ISBN 1-4034-6102-3 (Pbk.)

Acknowledgments
The author and publisher are grateful to the following for permission to reproduce copyright material:
Cover photograph by Janet Moran/Heinemann Library
pp. 4, 5 Que-Net/Heinemann Library; p. 6 Robert Lifson/Heinemann Library; pp. 7, 12, 13, 14, 15, 16, 17, 20, 21, 22, 23 Janet Moran/Heinemann Library; pp. 8, 9 Warling Studios/Heinemann Library; p. 10 Michael Newman/Photo Edit, Inc.; p. 11 Tom Prettyman/Photo Edit, Inc.; p. 18 Annie Griffiths Belt/Corbis; p. 19 Gabe Palmer/Corbis; back cover (L-R) Que-Net/Heinemann Library, Warling Studios/Heinemann Library

Every effort has been made to contact copyright holders of any material reproduced in this book.
Any omissions will be rectified in subsequent printings if notice is given to the publisher.

Special thanks to our bilingual advisory panel for their help in the preparation of this book:

Leah Radinsky,
Bilingual Teacher
Inter-American Magnet School
Chicago, IL

Aurora Colón García
Literacy Specialist
Northside Independent School District
San Antonio, TX

Many thanks to the teachers, library media specialists, reading instructors, and educational consultants who have helped develop the Read and Learn brand.

Contenido

¿Qué significa ser honesto?

Ser honesto significa decir la verdad.

Cuando eres honesto no dices mentiras.

Ser honesto significa contar
los hechos.

No inventas cosas que no son ciertas.

¿Dónde puedes ser honesto?

Puedes ser honesto en casa.

También puedes ser honesto en la escuela.

Puedes ser honesto en tu vecindario.

En cualquier lugar, puedes ser honesto.

¿Por qué eres honesto?

Cuando eres honesto, las personas te tienen confianza.

Creen lo que dices.

Eres honesto porque es lo correcto.

¿Con quién puedes ser honesto?

Puedes ser honesto con tus padres.

También puedes ser honesto con tus amigos.

Puedes ser honesto con tus compañeros de clase.

Puedes ser honesto con todos.

¿Cómo se nota que eres honesto?

Cuando eres honesto, la gente sonríe.

La gente se alegra cuando dices la verdad.

La gente te ayuda.

Incluso podrían ayudarte a limpiar algo que derramaste.

¿Qué se escucha cuando eres honesto?

Puedes decir, "Yo lo hice".

También puedes decir, "Lo siento".

Cuando eres honesto, alguien
te dice, "Gracias".

¿Cómo puedes ser honesto en casa?

Tus padres necesitan tu ayuda en casa.

Cuando haces lo que te piden, eres honesto.

No dices que has terminado cuando todavía te falta.

¿Cómo puedes ser honesto en la escuela?

Puedes contar la verdad acerca de tus compañeros de clase.

Decir mentiras significa no ser honesto.

Puedes hacer tu propio trabajo.

Copiar el trabajo de un compañero no es honesto.

¿Cómo te sientes cuando eres honesto?

Cuando eres honesto puedes sentirte orgulloso.

También puedes sentirte feliz.

Prueba

¿Quién es honesta?

Respuesta a la prueba

Esta niña es honesta.

Limpia lo que derramó.

Nota a padres y maestros

Leer para buscar información es un aspecto importante del desarrollo de la lectoescritura. El aprendizaje empieza con una pregunta. Si usted alienta a los niños a hacerse preguntas sobre el mundo que los rodea, los ayudará a verse como investigadores. Cada capítulo de este libro empieza con una pregunta. Lean la pregunta juntos, miren las fotos y traten de contestar la pregunta. Después, lean y comprueben si sus predicciones son correctas. Piensen en otras preguntas sobre el tema y comenten dónde pueden buscar las respuestas.

Índice